address book

THANK YOU
FOR PURCHASING AND TRUST !

I WOULD BE GREATLY APPRECIATED IT
IF YOU COULD LEAVE YOUR FEEDBACK
IN THE REVIEW SECTION ON AMAZON.

THIS BOOK BELONGS TO

PHONE

E-MAIL

ADDRESS

NAME : ....
ADDRESS : ....
....

HOME :	MOBILE : ....
WORK :	EMAIL : ....
BIRTHDAY :	FAX : ....
ANNIVERSARY :	WEBSITE : ....

NOTES : ....
....

NAME : ....
ADDRESS : ....
....

HOME :	MOBILE : ....
WORK :	EMAIL : ....
BIRTHDAY :	FAX : ....
ANNIVERSARY :	WEBSITE : ....

NOTES : ....
....

NAME : ....
ADDRESS : ....
....

HOME :	MOBILE : ....
WORK :	EMAIL : ....
BIRTHDAY :	FAX : ....
ANNIVERSARY :	WEBSITE : ....

NOTES : ....
....

NAME :
ADDRESS :

HOME : MOBILE :
WORK : EMAIL :
BIRTHDAY : FAX :
ANNIVERSARY : WEBSITE :
NOTES :

NAME :
ADDRESS :

HOME : MOBILE :
WORK : EMAIL :
BIRTHDAY : FAX :
ANNIVERSARY : WEBSITE :
NOTES :

NAME :
ADDRESS :

HOME : MOBILE :
WORK : EMAIL :
BIRTHDAY : FAX :
ANNIVERSARY : WEBSITE :
NOTES :

NAME :
ADDRESS :

HOME : | MOBILE :
WORK : | EMAIL :
BIRTHDAY : | FAX :
ANNIVERSARY : | WEBSITE :
NOTES :

NAME :
ADDRESS :

HOME : | MOBILE :
WORK : | EMAIL :
BIRTHDAY : | FAX :
ANNIVERSARY : | WEBSITE :
NOTES :

NAME :
ADDRESS :

HOME : | MOBILE :
WORK : | EMAIL :
BIRTHDAY : | FAX :
ANNIVERSARY : | WEBSITE :
NOTES :

NAME :
ADDRESS :

HOME : MOBILE :
WORK : EMAIL :
BIRTHDAY : FAX :
ANNIVERSARY : WEBSITE :
NOTES :

NAME :
ADDRESS :

HOME : MOBILE :
WORK : EMAIL :
BIRTHDAY : FAX :
ANNIVERSARY : WEBSITE :
NOTES :

NAME :
ADDRESS :

HOME : MOBILE :
WORK : EMAIL :
BIRTHDAY : FAX :
ANNIVERSARY : WEBSITE :
NOTES :

B

NAME :
ADDRESS :

HOME : MOBILE :
WORK : EMAIL :
BIRTHDAY : FAX :
ANNIVERSARY : WEBSITE :
NOTES :

NAME :
ADDRESS :

HOME : MOBILE :
WORK : EMAIL :
BIRTHDAY : FAX :
ANNIVERSARY : WEBSITE :
NOTES :

NAME :
ADDRESS :

HOME : MOBILE :
WORK : EMAIL :
BIRTHDAY : FAX :
ANNIVERSARY : WEBSITE :
NOTES :

B

NAME :
ADDRESS :

HOME :   MOBILE :
WORK :   EMAIL :
BIRTHDAY :   FAX :
ANNIVERSARY :   WEBSITE :
NOTES :

NAME :
ADDRESS :

HOME :   MOBILE :
WORK :   EMAIL :
BIRTHDAY :   FAX :
ANNIVERSARY :   WEBSITE :
NOTES :

NAME :
ADDRESS :

HOME :   MOBILE :
WORK :   EMAIL :
BIRTHDAY :   FAX :
ANNIVERSARY :   WEBSITE :
NOTES :

B

NAME :

ADDRESS :

HOME :   MOBILE :

WORK :   EMAIL :

BIRTHDAY :   FAX :

ANNIVERSARY :   WEBSITE :

NOTES :

NAME :

ADDRESS :

HOME :   MOBILE :

WORK :   EMAIL :

BIRTHDAY :   FAX :

ANNIVERSARY :   WEBSITE :

NOTES :

NAME :

ADDRESS :

HOME :   MOBILE :

WORK :   EMAIL :

BIRTHDAY :   FAX :

ANNIVERSARY :   WEBSITE :

NOTES :

B

NAME :

ADDRESS :

HOME : | MOBILE :
WORK : | EMAIL :
BIRTHDAY : | FAX :
ANNIVERSARY : | WEBSITE :
NOTES :

NAME :

ADDRESS :

HOME : | MOBILE :
WORK : | EMAIL :
BIRTHDAY : | FAX :
ANNIVERSARY : | WEBSITE :
NOTES :

NAME :

ADDRESS :

HOME : | MOBILE :
WORK : | EMAIL :
BIRTHDAY : | FAX :
ANNIVERSARY : | WEBSITE :
NOTES :

C

NAME :
ADDRESS :

HOME : MOBILE :
WORK : EMAIL :
BIRTHDAY : FAX :
ANNIVERSARY : WEBSITE :
NOTES :

NAME :
ADDRESS :

HOME : MOBILE :
WORK : EMAIL :
BIRTHDAY : FAX :
ANNIVERSARY : WEBSITE :
NOTES :

NAME :
ADDRESS :

HOME : MOBILE :
WORK : EMAIL :
BIRTHDAY : FAX :
ANNIVERSARY : WEBSITE :
NOTES :

C

NAME :
ADDRESS :

HOME : MOBILE :
WORK : EMAIL :
BIRTHDAY : FAX :
ANNIVERSARY : WEBSITE :
NOTES :

NAME :
ADDRESS :

HOME : MOBILE :
WORK : EMAIL :
BIRTHDAY : FAX :
ANNIVERSARY : WEBSITE :
NOTES :

NAME :
ADDRESS :

HOME : MOBILE :
WORK : EMAIL :
BIRTHDAY : FAX :
ANNIVERSARY : WEBSITE :
NOTES :

C

NAME :
ADDRESS :

HOME :   MOBILE :
WORK :   EMAIL :
BIRTHDAY :   FAX :
ANNIVERSARY :   WEBSITE :
NOTES :

NAME :
ADDRESS :

HOME :   MOBILE :
WORK :   EMAIL :
BIRTHDAY :   FAX :
ANNIVERSARY :   WEBSITE :
NOTES :

NAME :
ADDRESS :

HOME :   MOBILE :
WORK :   EMAIL :
BIRTHDAY :   FAX :
ANNIVERSARY :   WEBSITE :
NOTES :

C

NAME :
ADDRESS :

HOME :   MOBILE :
WORK :   EMAIL :
BIRTHDAY :   FAX :
ANNIVERSARY :   WEBSITE :
NOTES :

NAME :
ADDRESS :

HOME :   MOBILE :
WORK :   EMAIL :
BIRTHDAY :   FAX :
ANNIVERSARY :   WEBSITE :
NOTES :

NAME :
ADDRESS :

HOME :   MOBILE :
WORK :   EMAIL :
BIRTHDAY :   FAX :
ANNIVERSARY :   WEBSITE :
NOTES :

D

NAME :
ADDRESS :

HOME :   **MOBILE :**
WORK :   **EMAIL :**
BIRTHDAY :   **FAX :**
ANNIVERSARY :   **WEBSITE :**
NOTES :

NAME :
ADDRESS :

HOME :   **MOBILE :**
WORK :   **EMAIL :**
BIRTHDAY :   **FAX :**
ANNIVERSARY :   **WEBSITE :**
NOTES :

NAME :
ADDRESS :

HOME :   **MOBILE :**
WORK :   **EMAIL :**
BIRTHDAY :   **FAX :**
ANNIVERSARY :   **WEBSITE :**
NOTES :

D

NAME :
ADDRESS :

HOME :   **MOBILE :**
WORK :   **EMAIL :**
BIRTHDAY :   **FAX :**
ANNIVERSARY :   **WEBSITE :**
NOTES :

NAME :
ADDRESS :

HOME :   **MOBILE :**
WORK :   **EMAIL :**
BIRTHDAY :   **FAX :**
ANNIVERSARY :   **WEBSITE :**
NOTES :

NAME :
ADDRESS :

HOME :   **MOBILE :**
WORK :   **EMAIL :**
BIRTHDAY :   **FAX :**
ANNIVERSARY :   **WEBSITE :**
NOTES :

D

NAME :

ADDRESS :

HOME :   MOBILE :

WORK :   EMAIL :

BIRTHDAY :   FAX :

ANNIVERSARY :   WEBSITE :

NOTES :

NAME :

ADDRESS :

HOME :   MOBILE :

WORK :   EMAIL :

BIRTHDAY :   FAX :

ANNIVERSARY :   WEBSITE :

NOTES :

NAME :

ADDRESS :

HOME :   MOBILE :

WORK :   EMAIL :

BIRTHDAY :   FAX :

ANNIVERSARY :   WEBSITE :

NOTES :

D

NAME :
ADDRESS :

HOME :   MOBILE :
WORK :   EMAIL :
BIRTHDAY :   FAX :
ANNIVERSARY :   WEBSITE :
NOTES :

NAME :
ADDRESS :

HOME :   MOBILE :
WORK :   EMAIL :
BIRTHDAY :   FAX :
ANNIVERSARY :   WEBSITE :
NOTES :

NAME :
ADDRESS :

HOME :   MOBILE :
WORK :   EMAIL :
BIRTHDAY :   FAX :
ANNIVERSARY :   WEBSITE :
NOTES :

E

NAME :
ADDRESS :

HOME : MOBILE :
WORK : EMAIL :
BIRTHDAY : FAX :
ANNIVERSARY : WEBSITE :
NOTES :

NAME :
ADDRESS :

HOME : MOBILE :
WORK : EMAIL :
BIRTHDAY : FAX :
ANNIVERSARY : WEBSITE :
NOTES :

NAME :
ADDRESS :

HOME : MOBILE :
WORK : EMAIL :
BIRTHDAY : FAX :
ANNIVERSARY : WEBSITE :
NOTES :

E

NAME : ....
ADDRESS : ....
....

HOME : .... MOBILE : ....
WORK : .... EMAIL : ....
BIRTHDAY : .... FAX : ....
ANNIVERSARY : .... WEBSITE : ....
NOTES : ....

NAME : ....
ADDRESS : ....
....

HOME : .... MOBILE : ....
WORK : .... EMAIL : ....
BIRTHDAY : .... FAX : ....
ANNIVERSARY : .... WEBSITE : ....
NOTES : ....

NAME : ....
ADDRESS : ....
....

HOME : .... MOBILE : ....
WORK : .... EMAIL : ....
BIRTHDAY : .... FAX : ....
ANNIVERSARY : .... WEBSITE : ....
NOTES : ....

E

NAME :
ADDRESS :

HOME : MOBILE :
WORK : EMAIL :
BIRTHDAY : FAX :
ANNIVERSARY : WEBSITE :
NOTES :

NAME :
ADDRESS :

HOME : MOBILE :
WORK : EMAIL :
BIRTHDAY : FAX :
ANNIVERSARY : WEBSITE :
NOTES :

NAME :
ADDRESS :

HOME : MOBILE :
WORK : EMAIL :
BIRTHDAY : FAX :
ANNIVERSARY : WEBSITE :
NOTES :

E

NAME :
ADDRESS :

HOME : MOBILE :
WORK : EMAIL :
BIRTHDAY : FAX :
ANNIVERSARY : WEBSITE :
NOTES :

NAME :
ADDRESS :

HOME : MOBILE :
WORK : EMAIL :
BIRTHDAY : FAX :
ANNIVERSARY : WEBSITE :
NOTES :

NAME :
ADDRESS :

HOME : MOBILE :
WORK : EMAIL :
BIRTHDAY : FAX :
ANNIVERSARY : WEBSITE :
NOTES :

F

NAME :

ADDRESS :

HOME : MOBILE :

WORK : EMAIL :

BIRTHDAY : FAX :

ANNIVERSARY : WEBSITE :

NOTES :

NAME :

ADDRESS :

HOME : MOBILE :

WORK : EMAIL :

BIRTHDAY : FAX :

ANNIVERSARY : WEBSITE :

NOTES :

NAME :

ADDRESS :

HOME : MOBILE :

WORK : EMAIL :

BIRTHDAY : FAX :

ANNIVERSARY : WEBSITE :

NOTES :

F

NAME :
ADDRESS :

HOME :   MOBILE :
WORK :   EMAIL :
BIRTHDAY :   FAX :
ANNIVERSARY :   WEBSITE :
NOTES :

NAME :
ADDRESS :

HOME :   MOBILE :
WORK :   EMAIL :
BIRTHDAY :   FAX :
ANNIVERSARY :   WEBSITE :
NOTES :

NAME :
ADDRESS :

HOME :   MOBILE :
WORK :   EMAIL :
BIRTHDAY :   FAX :
ANNIVERSARY :   WEBSITE :
NOTES :

F

NAME :

ADDRESS :

HOME :   MOBILE :

WORK :   EMAIL :

BIRTHDAY :   FAX :

ANNIVERSARY :   WEBSITE :

NOTES :

NAME :

ADDRESS :

HOME :   MOBILE :

WORK :   EMAIL :

BIRTHDAY :   FAX :

ANNIVERSARY :   WEBSITE :

NOTES :

NAME :

ADDRESS :

HOME :   MOBILE :

WORK :   EMAIL :

BIRTHDAY :   FAX :

ANNIVERSARY :   WEBSITE :

NOTES :

F

NAME :
ADDRESS :

HOME : | MOBILE :
WORK : | EMAIL :
BIRTHDAY : | FAX :
ANNIVERSARY : | WEBSITE :
NOTES :

NAME :
ADDRESS :

HOME : | MOBILE :
WORK : | EMAIL :
BIRTHDAY : | FAX :
ANNIVERSARY : | WEBSITE :
NOTES :

NAME :
ADDRESS :

HOME : | MOBILE :
WORK : | EMAIL :
BIRTHDAY : | FAX :
ANNIVERSARY : | WEBSITE :
NOTES :

G

NAME :
ADDRESS :

HOME : MOBILE :
WORK : EMAIL :
BIRTHDAY : FAX :
ANNIVERSARY : WEBSITE :
NOTES :

NAME :
ADDRESS :

HOME : MOBILE :
WORK : EMAIL :
BIRTHDAY : FAX :
ANNIVERSARY : WEBSITE :
NOTES :

NAME :
ADDRESS :

HOME : MOBILE :
WORK : EMAIL :
BIRTHDAY : FAX :
ANNIVERSARY : WEBSITE :
NOTES :

G

NAME :
ADDRESS :

HOME : MOBILE :
WORK : EMAIL :
BIRTHDAY : FAX :
ANNIVERSARY : WEBSITE :
NOTES :

NAME :
ADDRESS :

HOME : MOBILE :
WORK : EMAIL :
BIRTHDAY : FAX :
ANNIVERSARY : WEBSITE :
NOTES :

NAME :
ADDRESS :

HOME : MOBILE :
WORK : EMAIL :
BIRTHDAY : FAX :
ANNIVERSARY : WEBSITE :
NOTES :

G

NAME :

ADDRESS :

HOME :   MOBILE :

WORK :   EMAIL :

BIRTHDAY :   FAX :

ANNIVERSARY :   WEBSITE :

NOTES :

NAME :

ADDRESS :

HOME :   MOBILE :

WORK :   EMAIL :

BIRTHDAY :   FAX :

ANNIVERSARY :   WEBSITE :

NOTES :

NAME :

ADDRESS :

HOME :   MOBILE :

WORK :   EMAIL :

BIRTHDAY :   FAX :

ANNIVERSARY :   WEBSITE :

NOTES :

G

NAME :

ADDRESS :

HOME : MOBILE :

WORK : EMAIL :

BIRTHDAY : FAX :

ANNIVERSARY : WEBSITE :

NOTES :

NAME :

ADDRESS :

HOME : MOBILE :

WORK : EMAIL :

BIRTHDAY : FAX :

ANNIVERSARY : WEBSITE :

NOTES :

NAME :

ADDRESS :

HOME : MOBILE :

WORK : EMAIL :

BIRTHDAY : FAX :

ANNIVERSARY : WEBSITE :

NOTES :

H

NAME :

ADDRESS :

HOME :   MOBILE :

WORK :   EMAIL :

BIRTHDAY :   FAX :

ANNIVERSARY :   WEBSITE :

NOTES :

NAME :

ADDRESS :

HOME :   MOBILE :

WORK :   EMAIL :

BIRTHDAY :   FAX :

ANNIVERSARY :   WEBSITE :

NOTES :

NAME :

ADDRESS :

HOME :   MOBILE :

WORK :   EMAIL :

BIRTHDAY :   FAX :

ANNIVERSARY :   WEBSITE :

NOTES :

H

NAME :
ADDRESS :

HOME :
WORK :
BIRTHDAY :
ANNIVERSARY :
NOTES :

MOBILE :
EMAIL :
FAX :
WEBSITE :

NAME :
ADDRESS :

HOME :
WORK :
BIRTHDAY :
ANNIVERSARY :
NOTES :

MOBILE :
EMAIL :
FAX :
WEBSITE :

NAME :
ADDRESS :

HOME :
WORK :
BIRTHDAY :
ANNIVERSARY :
NOTES :

MOBILE :
EMAIL :
FAX :
WEBSITE :

H

NAME :
ADDRESS :

HOME :
WORK :
BIRTHDAY :
ANNIVERSARY :
NOTES :

MOBILE :
EMAIL :
FAX :
WEBSITE :

NAME :
ADDRESS :

HOME :
WORK :
BIRTHDAY :
ANNIVERSARY :
NOTES :

MOBILE :
EMAIL :
FAX :
WEBSITE :

NAME :
ADDRESS :

HOME :
WORK :
BIRTHDAY :
ANNIVERSARY :
NOTES :

MOBILE :
EMAIL :
FAX :
WEBSITE :

H

NAME :
ADDRESS :

HOME : | MOBILE :
WORK : | EMAIL :
BIRTHDAY : | FAX :
ANNIVERSARY : | WEBSITE :
NOTES :

NAME :
ADDRESS :

HOME : | MOBILE :
WORK : | EMAIL :
BIRTHDAY : | FAX :
ANNIVERSARY : | WEBSITE :
NOTES :

NAME :
ADDRESS :

HOME : | MOBILE :
WORK : | EMAIL :
BIRTHDAY : | FAX :
ANNIVERSARY : | WEBSITE :
NOTES :

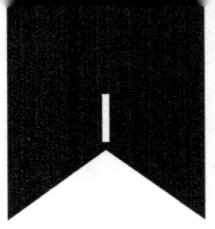

NAME :
ADDRESS :

HOME :   MOBILE :
WORK :   EMAIL :
BIRTHDAY :   FAX :
ANNIVERSARY :   WEBSITE :
NOTES :

NAME :
ADDRESS :

HOME :   MOBILE :
WORK :   EMAIL :
BIRTHDAY :   FAX :
ANNIVERSARY :   WEBSITE :
NOTES :

NAME :
ADDRESS :

HOME :   MOBILE :
WORK :   EMAIL :
BIRTHDAY :   FAX :
ANNIVERSARY :   WEBSITE :
NOTES :

NAME :
ADDRESS :

HOME : MOBILE :
WORK : EMAIL :
BIRTHDAY : FAX :
ANNIVERSARY : WEBSITE :
NOTES :

NAME :
ADDRESS :

HOME : MOBILE :
WORK : EMAIL :
BIRTHDAY : FAX :
ANNIVERSARY : WEBSITE :
NOTES :

NAME :
ADDRESS :

HOME : MOBILE :
WORK : EMAIL :
BIRTHDAY : FAX :
ANNIVERSARY : WEBSITE :
NOTES :

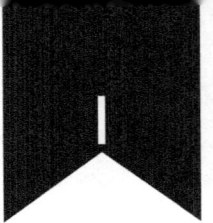

NAME :
ADDRESS :

HOME : MOBILE :
WORK : EMAIL :
BIRTHDAY : FAX :
ANNIVERSARY : WEBSITE :
NOTES :

NAME :
ADDRESS :

HOME : MOBILE :
WORK : EMAIL :
BIRTHDAY : FAX :
ANNIVERSARY : WEBSITE :
NOTES :

NAME :
ADDRESS :

HOME : MOBILE :
WORK : EMAIL :
BIRTHDAY : FAX :
ANNIVERSARY : WEBSITE :
NOTES :

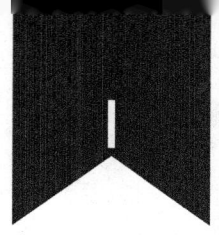

NAME :
ADDRESS :

HOME :   MOBILE :
WORK :   EMAIL :
BIRTHDAY :   FAX :
ANNIVERSARY :   WEBSITE :
NOTES :

NAME :
ADDRESS :

HOME :   MOBILE :
WORK :   EMAIL :
BIRTHDAY :   FAX :
ANNIVERSARY :   WEBSITE :
NOTES :

NAME :
ADDRESS :

HOME :   MOBILE :
WORK :   EMAIL :
BIRTHDAY :   FAX :
ANNIVERSARY :   WEBSITE :
NOTES :

NAME :
ADDRESS :

HOME : MOBILE :
WORK : EMAIL :
BIRTHDAY : FAX :
ANNIVERSARY : WEBSITE :
NOTES :

NAME :
ADDRESS :

HOME : MOBILE :
WORK : EMAIL :
BIRTHDAY : FAX :
ANNIVERSARY : WEBSITE :
NOTES :

NAME :
ADDRESS :

HOME : MOBILE :
WORK : EMAIL :
BIRTHDAY : FAX :
ANNIVERSARY : WEBSITE :
NOTES :

NAME :
ADDRESS :

HOME : MOBILE :
WORK : EMAIL :
BIRTHDAY : FAX :
ANNIVERSARY : WEBSITE :
NOTES :

NAME :
ADDRESS :

HOME : MOBILE :
WORK : EMAIL :
BIRTHDAY : FAX :
ANNIVERSARY : WEBSITE :
NOTES :

NAME :
ADDRESS :

HOME : MOBILE :
WORK : EMAIL :
BIRTHDAY : FAX :
ANNIVERSARY : WEBSITE :
NOTES :

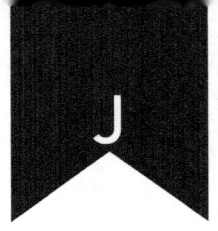

NAME :
ADDRESS :

HOME : MOBILE :
WORK : EMAIL :
BIRTHDAY : FAX :
ANNIVERSARY : WEBSITE :
NOTES :

NAME :
ADDRESS :

HOME : MOBILE :
WORK : EMAIL :
BIRTHDAY : FAX :
ANNIVERSARY : WEBSITE :
NOTES :

NAME :
ADDRESS :

HOME : MOBILE :
WORK : EMAIL :
BIRTHDAY : FAX :
ANNIVERSARY : WEBSITE :
NOTES :

J

NAME :
ADDRESS :

HOME :   MOBILE :
WORK :   EMAIL :
BIRTHDAY :   FAX :
ANNIVERSARY :   WEBSITE :
NOTES :

NAME :
ADDRESS :

HOME :   MOBILE :
WORK :   EMAIL :
BIRTHDAY :   FAX :
ANNIVERSARY :   WEBSITE :
NOTES :

NAME :
ADDRESS :

HOME :   MOBILE :
WORK :   EMAIL :
BIRTHDAY :   FAX :
ANNIVERSARY :   WEBSITE :
NOTES :

NAME :
ADDRESS :

HOME :   MOBILE :
WORK :   EMAIL :
BIRTHDAY :   FAX :
ANNIVERSARY :   WEBSITE :
NOTES :

NAME :
ADDRESS :

HOME :   MOBILE :
WORK :   EMAIL :
BIRTHDAY :   FAX :
ANNIVERSARY :   WEBSITE :
NOTES :

NAME :
ADDRESS :

HOME :   MOBILE :
WORK :   EMAIL :
BIRTHDAY :   FAX :
ANNIVERSARY :   WEBSITE :
NOTES :

NAME :
ADDRESS :

HOME :   MOBILE :
WORK :   EMAIL :
BIRTHDAY :   FAX :
ANNIVERSARY :   WEBSITE :
NOTES :

NAME :
ADDRESS :

HOME :   MOBILE :
WORK :   EMAIL :
BIRTHDAY :   FAX :
ANNIVERSARY :   WEBSITE :
NOTES :

NAME :
ADDRESS :

HOME :   MOBILE :
WORK :   EMAIL :
BIRTHDAY :   FAX :
ANNIVERSARY :   WEBSITE :
NOTES :

NAME :
ADDRESS :

HOME :　　　　　　　　　　　　MOBILE :
WORK : 　　　　　　　　　　　　EMAIL :
BIRTHDAY : 　　　　　　　　　　FAX :
ANNIVERSARY : 　　　　　　　　WEBSITE :
NOTES :

NAME :
ADDRESS :

HOME : 　　　　　　　　　　　　MOBILE :
WORK : 　　　　　　　　　　　　EMAIL :
BIRTHDAY : 　　　　　　　　　　FAX :
ANNIVERSARY : 　　　　　　　　WEBSITE :
NOTES :

NAME :
ADDRESS :

HOME : 　　　　　　　　　　　　MOBILE :
WORK : 　　　　　　　　　　　　EMAIL :
BIRTHDAY : 　　　　　　　　　　FAX :
ANNIVERSARY : 　　　　　　　　WEBSITE :
NOTES :

NAME :
ADDRESS :

HOME : MOBILE :
WORK : EMAIL :
BIRTHDAY : FAX :
ANNIVERSARY : WEBSITE :
NOTES :

NAME :
ADDRESS :

HOME : MOBILE :
WORK : EMAIL :
BIRTHDAY : FAX :
ANNIVERSARY : WEBSITE :
NOTES :

NAME :
ADDRESS :

HOME : MOBILE :
WORK : EMAIL :
BIRTHDAY : FAX :
ANNIVERSARY : WEBSITE :
NOTES :

L

NAME :

ADDRESS :

HOME : MOBILE :

WORK : EMAIL :

BIRTHDAY : FAX :

ANNIVERSARY : WEBSITE :

NOTES :

NAME :

ADDRESS :

HOME : MOBILE :

WORK : EMAIL :

BIRTHDAY : FAX :

ANNIVERSARY : WEBSITE :

NOTES :

NAME :

ADDRESS :

HOME : MOBILE :

WORK : EMAIL :

BIRTHDAY : FAX :

ANNIVERSARY : WEBSITE :

NOTES :

NAME :
ADDRESS :

HOME : MOBILE :
WORK : EMAIL :
BIRTHDAY : FAX :
ANNIVERSARY : WEBSITE :
NOTES :

NAME :
ADDRESS :

HOME : MOBILE :
WORK : EMAIL :
BIRTHDAY : FAX :
ANNIVERSARY : WEBSITE :
NOTES :

NAME :
ADDRESS :

HOME : MOBILE :
WORK : EMAIL :
BIRTHDAY : FAX :
ANNIVERSARY : WEBSITE :
NOTES :

NAME :
ADDRESS :

HOME : MOBILE :
WORK : EMAIL :
BIRTHDAY : FAX :
ANNIVERSARY : WEBSITE :
NOTES :

NAME :
ADDRESS :

HOME : MOBILE :
WORK : EMAIL :
BIRTHDAY : FAX :
ANNIVERSARY : WEBSITE :
NOTES :

NAME :
ADDRESS :

HOME : MOBILE :
WORK : EMAIL :
BIRTHDAY : FAX :
ANNIVERSARY : WEBSITE :
NOTES :

NAME :
ADDRESS :

HOME :　　　　　　　　　　　MOBILE :
WORK :　　　　　　　　　　　EMAIL :
BIRTHDAY :　　　　　　　　　FAX :
ANNIVERSARY :　　　　　　　WEBSITE :
NOTES :

NAME :
ADDRESS :

HOME :　　　　　　　　　　　MOBILE :
WORK :　　　　　　　　　　　EMAIL :
BIRTHDAY :　　　　　　　　　FAX :
ANNIVERSARY :　　　　　　　WEBSITE :
NOTES :

NAME :
ADDRESS :

HOME :　　　　　　　　　　　MOBILE :
WORK :　　　　　　　　　　　EMAIL :
BIRTHDAY :　　　　　　　　　FAX :
ANNIVERSARY :　　　　　　　WEBSITE :
NOTES :

M

NAME :

ADDRESS :

HOME :   MOBILE :
WORK :   EMAIL :
BIRTHDAY :   FAX :
ANNIVERSARY :   WEBSITE :
NOTES :

NAME :

ADDRESS :

HOME :   MOBILE :
WORK :   EMAIL :
BIRTHDAY :   FAX :
ANNIVERSARY :   WEBSITE :
NOTES :

NAME :

ADDRESS :

HOME :   MOBILE :
WORK :   EMAIL :
BIRTHDAY :   FAX :
ANNIVERSARY :   WEBSITE :
NOTES :

M

NAME :
ADDRESS :

HOME : | MOBILE :
WORK : | EMAIL :
BIRTHDAY : | FAX :
ANNIVERSARY : | WEBSITE :
NOTES :

NAME :
ADDRESS :

HOME : | MOBILE :
WORK : | EMAIL :
BIRTHDAY : | FAX :
ANNIVERSARY : | WEBSITE :
NOTES :

NAME :
ADDRESS :

HOME : | MOBILE :
WORK : | EMAIL :
BIRTHDAY : | FAX :
ANNIVERSARY : | WEBSITE :
NOTES :

M

NAME :

ADDRESS :

HOME :   MOBILE :
WORK :   EMAIL :
BIRTHDAY :   FAX :
ANNIVERSARY :   WEBSITE :
NOTES :

NAME :

ADDRESS :

HOME :   MOBILE :
WORK :   EMAIL :
BIRTHDAY :   FAX :
ANNIVERSARY :   WEBSITE :
NOTES :

NAME :

ADDRESS :

HOME :   MOBILE :
WORK :   EMAIL :
BIRTHDAY :   FAX :
ANNIVERSARY :   WEBSITE :
NOTES :

M

NAME :

ADDRESS :

HOME : | MOBILE :
WORK : | EMAIL :
BIRTHDAY : | FAX :
ANNIVERSARY : | WEBSITE :
NOTES :

NAME :

ADDRESS :

HOME : | MOBILE :
WORK : | EMAIL :
BIRTHDAY : | FAX :
ANNIVERSARY : | WEBSITE :
NOTES :

NAME :

ADDRESS :

HOME : | MOBILE :
WORK : | EMAIL :
BIRTHDAY : | FAX :
ANNIVERSARY : | WEBSITE :
NOTES :

N

NAME :
ADDRESS :

HOME : | MOBILE :
WORK : | EMAIL :
BIRTHDAY : | FAX :
ANNIVERSARY : | WEBSITE :
NOTES :

NAME :
ADDRESS :

HOME : | MOBILE :
WORK : | EMAIL :
BIRTHDAY : | FAX :
ANNIVERSARY : | WEBSITE :
NOTES :

NAME :
ADDRESS :

HOME : | MOBILE :
WORK : | EMAIL :
BIRTHDAY : | FAX :
ANNIVERSARY : | WEBSITE :
NOTES :

N

NAME :
ADDRESS :

HOME :   **MOBILE :**
WORK :   **EMAIL :**
BIRTHDAY :   **FAX :**
ANNIVERSARY :   **WEBSITE :**
NOTES :

NAME :
ADDRESS :

HOME :   **MOBILE :**
WORK :   **EMAIL :**
BIRTHDAY :   **FAX :**
ANNIVERSARY :   **WEBSITE :**
NOTES :

NAME :
ADDRESS :

HOME :   **MOBILE :**
WORK :   **EMAIL :**
BIRTHDAY :   **FAX :**
ANNIVERSARY :   **WEBSITE :**
NOTES :

N

NAME :
ADDRESS :

HOME : MOBILE :
WORK : EMAIL :
BIRTHDAY : FAX :
ANNIVERSARY : WEBSITE :
NOTES :

NAME :
ADDRESS :

HOME : MOBILE :
WORK : EMAIL :
BIRTHDAY : FAX :
ANNIVERSARY : WEBSITE :
NOTES :

NAME :
ADDRESS :

HOME : MOBILE :
WORK : EMAIL :
BIRTHDAY : FAX :
ANNIVERSARY : WEBSITE :
NOTES :

N

NAME :

ADDRESS :

HOME :   MOBILE :

WORK :   EMAIL :

BIRTHDAY :   FAX :

ANNIVERSARY :   WEBSITE :

NOTES :

NAME :

ADDRESS :

HOME :   MOBILE :

WORK :   EMAIL :

BIRTHDAY :   FAX :

ANNIVERSARY :   WEBSITE :

NOTES :

NAME :

ADDRESS :

HOME :   MOBILE :

WORK :   EMAIL :

BIRTHDAY :   FAX :

ANNIVERSARY :   WEBSITE :

NOTES :

O

NAME :

ADDRESS :

HOME :   MOBILE :
WORK :   EMAIL :
BIRTHDAY :   FAX :
ANNIVERSARY :   WEBSITE :
NOTES :

NAME :

ADDRESS :

HOME :   MOBILE :
WORK :   EMAIL :
BIRTHDAY :   FAX :
ANNIVERSARY :   WEBSITE :
NOTES :

NAME :

ADDRESS :

HOME :   MOBILE :
WORK :   EMAIL :
BIRTHDAY :   FAX :
ANNIVERSARY :   WEBSITE :
NOTES :

O

NAME :
ADDRESS :

HOME :   MOBILE :
WORK :   EMAIL :
BIRTHDAY :   FAX :
ANNIVERSARY :   WEBSITE :
NOTES :

NAME :
ADDRESS :

HOME :   MOBILE :
WORK :   EMAIL :
BIRTHDAY :   FAX :
ANNIVERSARY :   WEBSITE :
NOTES :

NAME :
ADDRESS :

HOME :   MOBILE :
WORK :   EMAIL :
BIRTHDAY :   FAX :
ANNIVERSARY :   WEBSITE :
NOTES :

O

NAME :
ADDRESS :

HOME : **MOBILE :**
WORK : **EMAIL :**
BIRTHDAY : **FAX :**
ANNIVERSARY : **WEBSITE :**
NOTES :

NAME :
ADDRESS :

HOME : **MOBILE :**
WORK : **EMAIL :**
BIRTHDAY : **FAX :**
ANNIVERSARY : **WEBSITE :**
NOTES :

NAME :
ADDRESS :

HOME : **MOBILE :**
WORK : **EMAIL :**
BIRTHDAY : **FAX :**
ANNIVERSARY : **WEBSITE :**
NOTES :

O

NAME :
ADDRESS :

HOME : | MOBILE :
WORK : | EMAIL :
BIRTHDAY : | FAX :
ANNIVERSARY : | WEBSITE :
NOTES :

NAME :
ADDRESS :

HOME : | MOBILE :
WORK : | EMAIL :
BIRTHDAY : | FAX :
ANNIVERSARY : | WEBSITE :
NOTES :

NAME :
ADDRESS :

HOME : | MOBILE :
WORK : | EMAIL :
BIRTHDAY : | FAX :
ANNIVERSARY : | WEBSITE :
NOTES :

P

NAME :
ADDRESS :

HOME : MOBILE :
WORK : EMAIL :
BIRTHDAY : FAX :
ANNIVERSARY : WEBSITE :
NOTES :

NAME :
ADDRESS :

HOME : MOBILE :
WORK : EMAIL :
BIRTHDAY : FAX :
ANNIVERSARY : WEBSITE :
NOTES :

NAME :
ADDRESS :

HOME : MOBILE :
WORK : EMAIL :
BIRTHDAY : FAX :
ANNIVERSARY : WEBSITE :
NOTES :

P

NAME :
ADDRESS :

HOME :　　　　　　　　　　　　MOBILE :
WORK :　　　　　　　　　　　　EMAIL :
BIRTHDAY :　　　　　　　　　　FAX :
ANNIVERSARY :　　　　　　　　WEBSITE :
NOTES :

NAME :
ADDRESS :

HOME :　　　　　　　　　　　　MOBILE :
WORK :　　　　　　　　　　　　EMAIL :
BIRTHDAY :　　　　　　　　　　FAX :
ANNIVERSARY :　　　　　　　　WEBSITE :
NOTES :

NAME :
ADDRESS :

HOME :　　　　　　　　　　　　MOBILE :
WORK :　　　　　　　　　　　　EMAIL :
BIRTHDAY :　　　　　　　　　　FAX :
ANNIVERSARY :　　　　　　　　WEBSITE :
NOTES :

P

NAME :

ADDRESS :

HOME :   MOBILE :

WORK :   EMAIL :

BIRTHDAY :   FAX :

ANNIVERSARY :   WEBSITE :

NOTES :

NAME :

ADDRESS :

HOME :   MOBILE :

WORK :   EMAIL :

BIRTHDAY :   FAX :

ANNIVERSARY :   WEBSITE :

NOTES :

NAME :

ADDRESS :

HOME :   MOBILE :

WORK :   EMAIL :

BIRTHDAY :   FAX :

ANNIVERSARY :   WEBSITE :

NOTES :

P

NAME :
ADDRESS :

HOME :   MOBILE :
WORK :   EMAIL :
BIRTHDAY :   FAX :
ANNIVERSARY :   WEBSITE :
NOTES :

NAME :
ADDRESS :

HOME :   MOBILE :
WORK :   EMAIL :
BIRTHDAY :   FAX :
ANNIVERSARY :   WEBSITE :
NOTES :

NAME :
ADDRESS :

HOME :   MOBILE :
WORK :   EMAIL :
BIRTHDAY :   FAX :
ANNIVERSARY :   WEBSITE :
NOTES :

Q

NAME :

ADDRESS :

HOME : MOBILE :
WORK : EMAIL :
BIRTHDAY : FAX :
ANNIVERSARY : WEBSITE :
NOTES :

NAME :

ADDRESS :

HOME : MOBILE :
WORK : EMAIL :
BIRTHDAY : FAX :
ANNIVERSARY : WEBSITE :
NOTES :

NAME :

ADDRESS :

HOME : MOBILE :
WORK : EMAIL :
BIRTHDAY : FAX :
ANNIVERSARY : WEBSITE :
NOTES :

Q

NAME :
ADDRESS :

HOME :   MOBILE :
WORK :   EMAIL :
BIRTHDAY :   FAX :
ANNIVERSARY :   WEBSITE :
NOTES :

NAME :
ADDRESS :

HOME :   MOBILE :
WORK :   EMAIL :
BIRTHDAY :   FAX :
ANNIVERSARY :   WEBSITE :
NOTES :

NAME :
ADDRESS :

HOME :   MOBILE :
WORK :   EMAIL :
BIRTHDAY :   FAX :
ANNIVERSARY :   WEBSITE :
NOTES :

Q

NAME :

ADDRESS :

HOME : MOBILE :

WORK : EMAIL :

BIRTHDAY : FAX :

ANNIVERSARY : WEBSITE :

NOTES :

NAME :

ADDRESS :

HOME : MOBILE :

WORK : EMAIL :

BIRTHDAY : FAX :

ANNIVERSARY : WEBSITE :

NOTES :

NAME :

ADDRESS :

HOME : MOBILE :

WORK : EMAIL :

BIRTHDAY : FAX :

ANNIVERSARY : WEBSITE :

NOTES :

Q

NAME :
ADDRESS :

HOME : **MOBILE :**
WORK : **EMAIL :**
BIRTHDAY : **FAX :**
ANNIVERSARY : **WEBSITE :**
NOTES :

NAME :
ADDRESS :

HOME : **MOBILE :**
WORK : **EMAIL :**
BIRTHDAY : **FAX :**
ANNIVERSARY : **WEBSITE :**
NOTES :

NAME :
ADDRESS :

HOME : **MOBILE :**
WORK : **EMAIL :**
BIRTHDAY : **FAX :**
ANNIVERSARY : **WEBSITE :**
NOTES :

R

NAME :
ADDRESS :

HOME : MOBILE :
WORK : EMAIL :
BIRTHDAY : FAX :
ANNIVERSARY : WEBSITE :
NOTES :

NAME :
ADDRESS :

HOME : MOBILE :
WORK : EMAIL :
BIRTHDAY : FAX :
ANNIVERSARY : WEBSITE :
NOTES :

NAME :
ADDRESS :

HOME : MOBILE :
WORK : EMAIL :
BIRTHDAY : FAX :
ANNIVERSARY : WEBSITE :
NOTES :

NAME :
ADDRESS :

HOME : MOBILE :
WORK : EMAIL :
BIRTHDAY : FAX :
ANNIVERSARY : WEBSITE :
NOTES :

NAME :
ADDRESS :

HOME : MOBILE :
WORK : EMAIL :
BIRTHDAY : FAX :
ANNIVERSARY : WEBSITE :
NOTES :

NAME :
ADDRESS :

HOME : MOBILE :
WORK : EMAIL :
BIRTHDAY : FAX :
ANNIVERSARY : WEBSITE :
NOTES :

R

NAME :

ADDRESS :

HOME : MOBILE :

WORK : EMAIL :

BIRTHDAY : FAX :

ANNIVERSARY : WEBSITE :

NOTES :

NAME :

ADDRESS :

HOME : MOBILE :

WORK : EMAIL :

BIRTHDAY : FAX :

ANNIVERSARY : WEBSITE :

NOTES :

NAME :

ADDRESS :

HOME : MOBILE :

WORK : EMAIL :

BIRTHDAY : FAX :

ANNIVERSARY : WEBSITE :

NOTES :

R

NAME :
ADDRESS :

HOME :   MOBILE :
WORK :   EMAIL :
BIRTHDAY :   FAX :
ANNIVERSARY :   WEBSITE :
NOTES :

NAME :
ADDRESS :

HOME :   MOBILE :
WORK :   EMAIL :
BIRTHDAY :   FAX :
ANNIVERSARY :   WEBSITE :
NOTES :

NAME :
ADDRESS :

HOME :   MOBILE :
WORK :   EMAIL :
BIRTHDAY :   FAX :
ANNIVERSARY :   WEBSITE :
NOTES :

S

NAME :
ADDRESS :

HOME : **MOBILE :**
WORK : **EMAIL :**
BIRTHDAY : **FAX :**
ANNIVERSARY : **WEBSITE :**
NOTES :

NAME :
ADDRESS :

HOME : **MOBILE :**
WORK : **EMAIL :**
BIRTHDAY : **FAX :**
ANNIVERSARY : **WEBSITE :**
NOTES :

NAME :
ADDRESS :

HOME : **MOBILE :**
WORK : **EMAIL :**
BIRTHDAY : **FAX :**
ANNIVERSARY : **WEBSITE :**
NOTES :

S

NAME :
ADDRESS :

HOME : MOBILE :
WORK : EMAIL :
BIRTHDAY : FAX :
ANNIVERSARY : WEBSITE :
NOTES :

NAME :
ADDRESS :

HOME : MOBILE :
WORK : EMAIL :
BIRTHDAY : FAX :
ANNIVERSARY : WEBSITE :
NOTES :

NAME :
ADDRESS :

HOME : MOBILE :
WORK : EMAIL :
BIRTHDAY : FAX :
ANNIVERSARY : WEBSITE :
NOTES :

S

NAME :

ADDRESS :

HOME : **MOBILE :**

WORK : **EMAIL :**

BIRTHDAY : **FAX :**

ANNIVERSARY : **WEBSITE :**

NOTES :

NAME :

ADDRESS :

HOME : **MOBILE :**

WORK : **EMAIL :**

BIRTHDAY : **FAX :**

ANNIVERSARY : **WEBSITE :**

NOTES :

NAME :

ADDRESS :

HOME : **MOBILE :**

WORK : **EMAIL :**

BIRTHDAY : **FAX :**

ANNIVERSARY : **WEBSITE :**

NOTES :

S

NAME :

ADDRESS :

HOME : MOBILE :

WORK : EMAIL :

BIRTHDAY : FAX :

ANNIVERSARY : WEBSITE :

NOTES :

NAME :

ADDRESS :

HOME : MOBILE :

WORK : EMAIL :

BIRTHDAY : FAX :

ANNIVERSARY : WEBSITE :

NOTES :

NAME :

ADDRESS :

HOME : MOBILE :

WORK : EMAIL :

BIRTHDAY : FAX :

ANNIVERSARY : WEBSITE :

NOTES :

T

NAME :
ADDRESS :

HOME : **MOBILE :**
WORK : **EMAIL :**
BIRTHDAY : **FAX :**
ANNIVERSARY : **WEBSITE :**
NOTES :

NAME :
ADDRESS :

HOME : **MOBILE :**
WORK : **EMAIL :**
BIRTHDAY : **FAX :**
ANNIVERSARY : **WEBSITE :**
NOTES :

NAME :
ADDRESS :

HOME : **MOBILE :**
WORK : **EMAIL :**
BIRTHDAY : **FAX :**
ANNIVERSARY : **WEBSITE :**
NOTES :

T

NAME :

ADDRESS :

HOME :   MOBILE :

WORK :   EMAIL :

BIRTHDAY :   FAX :

ANNIVERSARY :   WEBSITE :

NOTES :

NAME :

ADDRESS :

HOME :   MOBILE :

WORK :   EMAIL :

BIRTHDAY :   FAX :

ANNIVERSARY :   WEBSITE :

NOTES :

NAME :

ADDRESS :

HOME :   MOBILE :

WORK :   EMAIL :

BIRTHDAY :   FAX :

ANNIVERSARY :   WEBSITE :

NOTES :

NAME :
ADDRESS :

HOME : MOBILE :
WORK : EMAIL :
BIRTHDAY : FAX :
ANNIVERSARY : WEBSITE :
NOTES :

NAME :
ADDRESS :

HOME : MOBILE :
WORK : EMAIL :
BIRTHDAY : FAX :
ANNIVERSARY : WEBSITE :
NOTES :

NAME :
ADDRESS :

HOME : MOBILE :
WORK : EMAIL :
BIRTHDAY : FAX :
ANNIVERSARY : WEBSITE :
NOTES :

NAME :
ADDRESS :

HOME : MOBILE :
WORK : EMAIL :
BIRTHDAY : FAX :
ANNIVERSARY : WEBSITE :
NOTES :

NAME :
ADDRESS :

HOME : MOBILE :
WORK : EMAIL :
BIRTHDAY : FAX :
ANNIVERSARY : WEBSITE :
NOTES :

NAME :
ADDRESS :

HOME : MOBILE :
WORK : EMAIL :
BIRTHDAY : FAX :
ANNIVERSARY : WEBSITE :
NOTES :

U

NAME :
ADDRESS :

HOME : MOBILE :
WORK : EMAIL :
BIRTHDAY : FAX :
ANNIVERSARY : WEBSITE :
NOTES :

NAME :
ADDRESS :

HOME : MOBILE :
WORK : EMAIL :
BIRTHDAY : FAX :
ANNIVERSARY : WEBSITE :
NOTES :

NAME :
ADDRESS :

HOME : MOBILE :
WORK : EMAIL :
BIRTHDAY : FAX :
ANNIVERSARY : WEBSITE :
NOTES :

NAME :
ADDRESS :

HOME :   MOBILE :
WORK :   EMAIL :
BIRTHDAY :   FAX :
ANNIVERSARY :   WEBSITE :
NOTES :

NAME :
ADDRESS :

HOME :   MOBILE :
WORK :   EMAIL :
BIRTHDAY :   FAX :
ANNIVERSARY :   WEBSITE :
NOTES :

NAME :
ADDRESS :

HOME :   MOBILE :
WORK :   EMAIL :
BIRTHDAY :   FAX :
ANNIVERSARY :   WEBSITE :
NOTES :

NAME :
ADDRESS :

HOME : MOBILE :
WORK : EMAIL :
BIRTHDAY : FAX :
ANNIVERSARY : WEBSITE :
NOTES :

NAME :
ADDRESS :

HOME : MOBILE :
WORK : EMAIL :
BIRTHDAY : FAX :
ANNIVERSARY : WEBSITE :
NOTES :

NAME :
ADDRESS :

HOME : MOBILE :
WORK : EMAIL :
BIRTHDAY : FAX :
ANNIVERSARY : WEBSITE :
NOTES :

U

NAME :

ADDRESS :

HOME :   MOBILE :
WORK :   EMAIL :
BIRTHDAY :   FAX :
ANNIVERSARY :   WEBSITE :
NOTES :

NAME :

ADDRESS :

HOME :   MOBILE :
WORK :   EMAIL :
BIRTHDAY :   FAX :
ANNIVERSARY :   WEBSITE :
NOTES :

NAME :

ADDRESS :

HOME :   MOBILE :
WORK :   EMAIL :
BIRTHDAY :   FAX :
ANNIVERSARY :   WEBSITE :
NOTES :

NAME :
ADDRESS :

HOME : MOBILE :
WORK : EMAIL :
BIRTHDAY : FAX :
ANNIVERSARY : WEBSITE :
NOTES :

NAME :
ADDRESS :

HOME : MOBILE :
WORK : EMAIL :
BIRTHDAY : FAX :
ANNIVERSARY : WEBSITE :
NOTES :

NAME :
ADDRESS :

HOME : MOBILE :
WORK : EMAIL :
BIRTHDAY : FAX :
ANNIVERSARY : WEBSITE :
NOTES :

NAME :
ADDRESS :

HOME : MOBILE :
WORK : EMAIL :
BIRTHDAY : FAX :
ANNIVERSARY : WEBSITE :
NOTES :

NAME :
ADDRESS :

HOME : MOBILE :
WORK : EMAIL :
BIRTHDAY : FAX :
ANNIVERSARY : WEBSITE :
NOTES :

NAME :
ADDRESS :

HOME : MOBILE :
WORK : EMAIL :
BIRTHDAY : FAX :
ANNIVERSARY : WEBSITE :
NOTES :

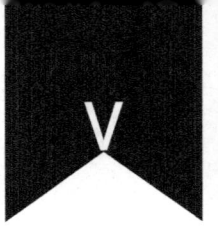

NAME :
ADDRESS :

HOME : MOBILE :
WORK : EMAIL :
BIRTHDAY : FAX :
ANNIVERSARY : WEBSITE :
NOTES :

NAME :
ADDRESS :

HOME : MOBILE :
WORK : EMAIL :
BIRTHDAY : FAX :
ANNIVERSARY : WEBSITE :
NOTES :

NAME :
ADDRESS :

HOME : MOBILE :
WORK : EMAIL :
BIRTHDAY : FAX :
ANNIVERSARY : WEBSITE :
NOTES :

NAME :
ADDRESS :

HOME :   MOBILE :
WORK :   EMAIL :
BIRTHDAY :   FAX :
ANNIVERSARY :   WEBSITE :
NOTES :

NAME :
ADDRESS :

HOME :   MOBILE :
WORK :   EMAIL :
BIRTHDAY :   FAX :
ANNIVERSARY :   WEBSITE :
NOTES :

NAME :
ADDRESS :

HOME :   MOBILE :
WORK :   EMAIL :
BIRTHDAY :   FAX :
ANNIVERSARY :   WEBSITE :
NOTES :

NAME :

ADDRESS :

HOME : MOBILE :

WORK : EMAIL :

BIRTHDAY : FAX :

ANNIVERSARY : WEBSITE :

NOTES :

NAME :

ADDRESS :

HOME : MOBILE :

WORK : EMAIL :

BIRTHDAY : FAX :

ANNIVERSARY : WEBSITE :

NOTES :

NAME :

ADDRESS :

HOME : MOBILE :

WORK : EMAIL :

BIRTHDAY : FAX :

ANNIVERSARY : WEBSITE :

NOTES :

NAME :
ADDRESS :

HOME :   MOBILE :
WORK :   EMAIL :
BIRTHDAY :   FAX :
ANNIVERSARY :   WEBSITE :
NOTES :

NAME :
ADDRESS :

HOME :   MOBILE :
WORK :   EMAIL :
BIRTHDAY :   FAX :
ANNIVERSARY :   WEBSITE :
NOTES :

NAME :
ADDRESS :

HOME :   MOBILE :
WORK :   EMAIL :
BIRTHDAY :   FAX :
ANNIVERSARY :   WEBSITE :
NOTES :

NAME :
ADDRESS :

HOME : MOBILE :
WORK : EMAIL :
BIRTHDAY : FAX :
ANNIVERSARY : WEBSITE :
NOTES :

NAME :
ADDRESS :

HOME : MOBILE :
WORK : EMAIL :
BIRTHDAY : FAX :
ANNIVERSARY : WEBSITE :
NOTES :

NAME :
ADDRESS :

HOME : MOBILE :
WORK : EMAIL :
BIRTHDAY : FAX :
ANNIVERSARY : WEBSITE :
NOTES :

NAME :
ADDRESS :

HOME : MOBILE :
WORK : EMAIL :
BIRTHDAY : FAX :
ANNIVERSARY : WEBSITE :
NOTES :

NAME :
ADDRESS :

HOME : MOBILE :
WORK : EMAIL :
BIRTHDAY : FAX :
ANNIVERSARY : WEBSITE :
NOTES :

NAME :
ADDRESS :

HOME : MOBILE :
WORK : EMAIL :
BIRTHDAY : FAX :
ANNIVERSARY : WEBSITE :
NOTES :

NAME :
ADDRESS :

HOME : MOBILE :
WORK : EMAIL :
BIRTHDAY : FAX :
ANNIVERSARY : WEBSITE :
NOTES :

NAME :
ADDRESS :

HOME : MOBILE :
WORK : EMAIL :
BIRTHDAY : FAX :
ANNIVERSARY : WEBSITE :
NOTES :

NAME :
ADDRESS :

HOME : MOBILE :
WORK : EMAIL :
BIRTHDAY : FAX :
ANNIVERSARY : WEBSITE :
NOTES :

NAME :
ADDRESS :

HOME : MOBILE :
WORK : EMAIL :
BIRTHDAY : FAX :
ANNIVERSARY : WEBSITE :
NOTES :

NAME :
ADDRESS :

HOME : MOBILE :
WORK : EMAIL :
BIRTHDAY : FAX :
ANNIVERSARY : WEBSITE :
NOTES :

NAME :
ADDRESS :

HOME : MOBILE :
WORK : EMAIL :
BIRTHDAY : FAX :
ANNIVERSARY : WEBSITE :
NOTES :

NAME :
ADDRESS :

HOME : MOBILE :
WORK : EMAIL :
BIRTHDAY : FAX :
ANNIVERSARY : WEBSITE :
NOTES :

NAME :
ADDRESS :

HOME : MOBILE :
WORK : EMAIL :
BIRTHDAY : FAX :
ANNIVERSARY : WEBSITE :
NOTES :

NAME :
ADDRESS :

HOME : MOBILE :
WORK : EMAIL :
BIRTHDAY : FAX :
ANNIVERSARY : WEBSITE :
NOTES :

NAME :
ADDRESS :

HOME : MOBILE :
WORK : EMAIL :
BIRTHDAY : FAX :
ANNIVERSARY : WEBSITE :
NOTES :

NAME :
ADDRESS :

HOME : MOBILE :
WORK : EMAIL :
BIRTHDAY : FAX :
ANNIVERSARY : WEBSITE :
NOTES :

NAME :
ADDRESS :

HOME : MOBILE :
WORK : EMAIL :
BIRTHDAY : FAX :
ANNIVERSARY : WEBSITE :
NOTES :

NAME :
ADDRESS :

HOME : MOBILE :
WORK : EMAIL :
BIRTHDAY : FAX :
ANNIVERSARY : WEBSITE :
NOTES :

NAME :
ADDRESS :

HOME : MOBILE :
WORK : EMAIL :
BIRTHDAY : FAX :
ANNIVERSARY : WEBSITE :
NOTES :

NAME :
ADDRESS :

HOME : MOBILE :
WORK : EMAIL :
BIRTHDAY : FAX :
ANNIVERSARY : WEBSITE :
NOTES :

NAME :
ADDRESS :

HOME : MOBILE :
WORK : EMAIL :
BIRTHDAY : FAX :
ANNIVERSARY : WEBSITE :
NOTES :

NAME :
ADDRESS :

HOME : MOBILE :
WORK : EMAIL :
BIRTHDAY : FAX :
ANNIVERSARY : WEBSITE :
NOTES :

NAME :
ADDRESS :

HOME : MOBILE :
WORK : EMAIL :
BIRTHDAY : FAX :
ANNIVERSARY : WEBSITE :
NOTES :

NAME :

ADDRESS :

HOME : MOBILE :

WORK : EMAIL :

BIRTHDAY : FAX :

ANNIVERSARY : WEBSITE :

NOTES :

NAME :

ADDRESS :

HOME : MOBILE :

WORK : EMAIL :

BIRTHDAY : FAX :

ANNIVERSARY : WEBSITE :

NOTES :

NAME :

ADDRESS :

HOME : MOBILE :

WORK : EMAIL :

BIRTHDAY : FAX :

ANNIVERSARY : WEBSITE :

NOTES :

NAME :
ADDRESS :

HOME :   MOBILE :
WORK :   EMAIL :
BIRTHDAY :   FAX :
ANNIVERSARY :   WEBSITE :
NOTES :

NAME :
ADDRESS :

HOME :   MOBILE :
WORK :   EMAIL :
BIRTHDAY :   FAX :
ANNIVERSARY :   WEBSITE :
NOTES :

NAME :
ADDRESS :

HOME :   MOBILE :
WORK :   EMAIL :
BIRTHDAY :   FAX :
ANNIVERSARY :   WEBSITE :
NOTES :

Z

NAME :

ADDRESS :

HOME :   MOBILE :

WORK :   EMAIL :

BIRTHDAY :   FAX :

ANNIVERSARY :   WEBSITE :

NOTES :

NAME :

ADDRESS :

HOME :   MOBILE :

WORK :   EMAIL :

BIRTHDAY :   FAX :

ANNIVERSARY :   WEBSITE :

NOTES :

NAME :

ADDRESS :

HOME :   MOBILE :

WORK :   EMAIL :

BIRTHDAY :   FAX :

ANNIVERSARY :   WEBSITE :

NOTES :

Z

NAME :
ADDRESS :

HOME : MOBILE :
WORK : EMAIL :
BIRTHDAY : FAX :
ANNIVERSARY : WEBSITE :
NOTES :

NAME :
ADDRESS :

HOME : MOBILE :
WORK : EMAIL :
BIRTHDAY : FAX :
ANNIVERSARY : WEBSITE :
NOTES :

NAME :
ADDRESS :

HOME : MOBILE :
WORK : EMAIL :
BIRTHDAY : FAX :
ANNIVERSARY : WEBSITE :
NOTES :

Z

NAME :

ADDRESS :

HOME : | MOBILE :
WORK : | EMAIL :
BIRTHDAY : | FAX :
ANNIVERSARY : | WEBSITE :
NOTES :

NAME :

ADDRESS :

HOME : | MOBILE :
WORK : | EMAIL :
BIRTHDAY : | FAX :
ANNIVERSARY : | WEBSITE :
NOTES :

NAME :

ADDRESS :

HOME : | MOBILE :
WORK : | EMAIL :
BIRTHDAY : | FAX :
ANNIVERSARY : | WEBSITE :
NOTES :

Z

NAME :
ADDRESS :

HOME :   **MOBILE :**
WORK :   **EMAIL :**
BIRTHDAY :   **FAX :**
ANNIVERSARY :   **WEBSITE :**
NOTES :

NAME :
ADDRESS :

HOME :   **MOBILE :**
WORK :   **EMAIL :**
BIRTHDAY :   **FAX :**
ANNIVERSARY :   **WEBSITE :**
NOTES :

NAME :
ADDRESS :

HOME :   **MOBILE :**
WORK :   **EMAIL :**
BIRTHDAY :   **FAX :**
ANNIVERSARY :   **WEBSITE :**
NOTES :

Printed in Dunstable, United Kingdom